LES 363

DEVANT LE SUFFRAGE UNIVERSEL

PAR

J. CORDIER

AVOCAT, CONSEILLER MUNICIPAL A TOUL

NANCY

IMPRIMERIE E. RÉAU, RUE SAINT - DIZIER, 51

—

1877

LES 363 DEVANT LE SUFFRAGE UNIVERSEL

PAR J. CORDIER,

AVOCAT, CONSEILLER MUNICIPAL A TOUL.

La nouvelle épreuve imposée à la France par quelques hommes, a créé pour tous les Français, amis de l'ordre, de la paix et de la prospérité publique, un double et impérieux devoir :

Il faut d'abord éclairer le pays sur les vrais périls de la situation ; il faut ensuite résister légalement, mais sans peur et sans faiblesse, aux tentatives d'intimidation que les ministres du 18 mai ou leurs agents se proposeraient d'exercer sur l'opinion publique. Aucun républicain, aucun libéral ne faillira, j'en ai la confiance, à cette tâche patriotique.

Pour moi, me plaçant en dehors des polémiques plus ou moins passionnées, et au-dessus des récriminations ou des violences suscitées par l'esprit de parti, je m'adresse directement à mes concitoyens.

J'ai l'unique désir de leur faire entendre quelques paroles loyales, quelques avertissements sincères au milieu de la lutte confuse qui se prépare et dans laquelle vont se donner carrière tant de vieilles rancunes, tant d'ambitions coupables, tant de convoitises inavouées, tant d'hypocrites sollicitations ! Je voudrais expliquer simplement, mais avec fermeté, quelles sont les causes de l'acte du 16 mai, quelles pourraient en être les conséquences, et montrer qu'aujourd'hui la question ne se pose même plus entre la monarchie ou la République, mais entre la République ou l'anarchie.

Je le dis, avec une conviction profonde : si, dans cette crise redoutable, la France abandonnait la République, dix-huit mois après l'avoir accueillie et consacrée par des millions de suffrages, *cet abandon équivaudrait à l'abdication de la nation elle-même.* Ce serait le commencement des suprêmes catastrophes.

Les Causes du 16 mai.

Certaines gens qui affectent de se parer du titre de *conservateurs,* prétendent que l'acte du 16 mai a été nécessité par le péril que nous faisait courir « *le radicalisme latent* ». A les en croire, la société était menacée jusque dans ses fondements ; nous marchions aux abîmes « *par le chemin de la légalité* » ; les 363 députés de la majorité républicaine, méditaient chaque jour quelque nouvelle entreprise révolutionnaire. Enfin les esprits troublés, les intérêts alarmés exigeaient qu'un prompt remède fût apporté à cet état de choses. Il importait de tenter encore la restauration « de l'ordre moral ».

Heureusement ces vulgaires prétextes ne peuvent plus tromper personne. Ils ne sont pas l'expression de la vérité. Ce sont les mêmes motifs que l'on faisait valoir au 24 mai 1873, lorsqu'il s'agissait de renverser M. Thiers ; en 1851, quand on complotait le retour de l'Empire ; en 1830, quand Charles X signait les fameuses ordonnances ; au 18 brumaire, quand Bonaparte, premier consul, avait résolu de relever pour son compte, le trône des Césars.

Les vraies causes du 16 mai sont faciles à découvrir.

Depuis quatre-vingts ans, la lutte existe tantôt à l'état latent, tantôt à l'état aigu, entre ceux qui font à la France l'honneur de la croire digne de se gouverner elle-même et ceux qui lui font l'injure de l'en croire indigne.

Or, le 16 mai 1877, qui a chassé M. Jules Simon, n'a été, comme le 24 mai 1873, qui avait renversé M. Thiers, qu'un épisode de cette lutte presque séculaire. La personne de M. Albert de Broglie et celle de M. Oscar Bardy de Fourtou sont peu de chose, en vérité, dans ce grand conflit.

———

La République étant la forme la plus logique et la plus complète du *gouvernement du pays par la majorité,* a pour adversaires naturels tous ceux qui préfèrent *le gouvernement du pays par la minorité.* C'est ce qui explique la coalition de toutes les minorités mécontentes contre le régime républicain. Cette coalition n'a ni un prétexte avouable pour se justifier, ni un but commun pour se soutenir, ni une foi réelle et vivante pour triompher. Elle n'est faite que de vanités froissées et d'ambitions déçues. Condamnés à l'impuissance par la force des choses, les coalisés se déchirent entre eux et s'injurient déjà, tandis que l'union la plus complète persiste entre toutes les fractions du parti républicain et national. Quelle raison a donc pu pousser les gens de « l'ordre moral » à se lancer dans l'aventure du 16 mai ? — Cette raison, la voici :

Après avoir vécu pendant sept années, la République commençait à pousser de profondes racines dans le pays. Elle avait vaincu l'insurrection de la

Commune, libéré le territoire, payé l'énorme rançon exigée par nos vainqueurs, reconstitué tous les services publics désorganisés par la guerre, consolidé nos finances, rétabli l'équilibre du budget, maintenu à l'intérieur l'ordre le plus absolu et à l'extérieur une paix nécessaire, réorganisé l'armée, doté l'instruction publique plus largement que ne l'avait fait aucun gouvernement antérieur, respecté avec soin la légalité en toutes choses, et armé nos frontières.

La République avait fait plus encore : elle avait loyalement tendu la main à tous les hommes des anciens partis qui lui donnaient des preuves sérieuses de leur bon vouloir et manifestaient le désir sincère d'une réconciliation définitive inspirée par le patriotisme. Le calme, la confiance régnaient partout. Notre commerce et notre industrie, après avoir subi le contre-coup d'une crise économique qui avait frappé presque tous les pays de l'Europe, commençaient à reprendre un nouvel et vigoureux essor.

Aussi, grâce à cette situation prospère, la République faisait chaque jour de nouvelles recrues; chacun s'y ralliait : les plus timides après les plus confiants. On s'attachait de plus en plus à un gouvernement d'ordre, de liberté, de contrôle et de discussion qui faisait si bien ses preuves. Le pays se préparait tranquillement aux élections qui devaient avoir lieu bientôt pour le renouvellement partiel des conseils généraux et des conseils d'arrondissement, et pour le renouvellement intégral des conseils municipaux. Il était évident que ces élections allaient être, pour les républicains, l'occasion d'une nouvelle victoire.

Avec des conseils généraux, des conseils d'arrondissement et des conseils municipaux ayant la volonté de conserver la République, on pouvait prévoir que les élections partielles du Sénat en 1879, seraient faites par des électeurs sénatoriaux républicains, et que par conséquent, la faible majorité monarchique et cléricale qui existe aujourd'hui au Sénat, serait alors légalement remplacée par une puissante majorité républicaine.

Voilà le seul « péril social imminent » qui a fait trembler tous les disciples de « l'ordre moral ».

Les bonapartistes, les légitimistes, les orléanistes, les cléricaux — c'est-à-dire toutes les minorités condamnées maintes fois par l'opinion publique, toutes les minorités qui se révoltent sans cesse contre les arrêts de la souveraineté nationale, en un mot tous les vieux partis se sont dit : « Si les choses vont comme » cela jusqu'en 1879, nous sommes perdus ; la Répu- » blique sera devenue inébranlable ! Il faut enrayer, à » tout prix, ce mouvement pacifique qui entraîne avec » tant de force les esprits vers le gouvernement répu- » blicain, il faut livrer un dernier assaut à la démo- » cratie. Emparons-nous du Pouvoir ; nous dissoudrons » la Chambre des députés et nous ferons appel au » pays en tâchant encore une fois de séduire ou d'in- » timider le suffrage universel pour le faire abdiquer » entre nos mains. »

Telles sont les causes générales de l'acte du 16 mai :

On a voulu essayer d'arrêter la République dans son développement normal et régulier, PRÉCISÉMENT PARCE QU'ELLE MARCHAIT TROP BIEN.

Le Cléricalisme et le 16 mai.

Ce ne sont pas seulement les influences monarchistes qui ont produit le 16 mai. Ce coup d'éclat a été longuement préparé sous l'inspiration funeste du parti clérical.

En voici les preuves :

Dès le 15 mars, au lendemain du jour où les droites du Sénat venaient de nommer sénateur inamovible un bonapartiste avéré, M. Dupuy de Lôme, et lorsque les républicains répondaient à cette provocation nouvelle, en déclarant qu'ils attendraient pacifiquement le renouvellement partiel du Sénat en 1879, pour permettre au pays de modifier la majorité sénatoriale en la mettant d'accord avec la Chambre des députés, le journal le *Monde,* l'un des organes du cléricalisme français, lançait cette menace aux républicains :

« *Leur promesse d'une attente patiente et calme,*
» s'écriait-il, *n'est qu'un défi.* Ils n'auront pas ces
» deux années qu'ils comptent si bien mettre a profit. »

Quelques jours auparavant, le 12 mars, dans une allocution aux cardinaux, le pape avait vivement attaqué le roi d'Italie. Il avait déclaré que « le pontife
» romain ne pouvait être à Rome qu'un vrai souverain
» avec son pouvoir temporel, ou un captif » ; qu'en ce moment « il ne jouissait pas de l'usage de sa liberté. » Enfin il avait exhorté les pasteurs et les fidèles « à se
» servir de tous les moyens légaux en leur pouvoir,
» pour provoquer leurs gouvernements respectifs à
» prendre des résolutions efficaces afin de rendre à la
» Papauté sa pleine indépendance. »

A la suite de cette allocution et pendant les vacances

du Parlement, les chefs du parti clérical, obéissant au mot d'ordre du Vatican, ouvrirent une campagne active en faveur de la restauration du pouvoir temporel de la papauté. L'évêque de Nevers, M. Thomas-Casimir, poussa l'audace jusqu'à écrire au Président de la République une lettre dans laquelle il l'invitait à rompre ouvertement avec ce qu'il appelait la Révolution italienne, c'est-à-dire avec le gouvernement du roi Victor Emmanuel. En même temps, ce fougueux prélat adressait à tous les maires de son diocèse une circulaire, les engageant à se concerter avec lui afin de pétitionner et de faire pétitionner pour le rétablissement du pouvoir temporel des papes.

Toute la presse républicaine et nationale justement indignée de ces manœuvres ultramontaines qui pouvaient compromettre si gravement nos relations avec l'étranger et particulièrement avec l'Italie, les dénoncèrent bientôt à l'opinion publique. Le gouvernement s'était ému ; il avait infligé un blâme sévère à plusieurs évêques en les rappelant au sentiment du devoir et du patriotisme. Sur ces entrefaites, eut lieu la rentrée des Chambres. Une interpellation sur les intrigues cléricales fut aussitôt présentée à la Chambre des députés, afin de rassurer le pays et d'obtenir du ministère la condamnation solennelle des agissements du parti clérical.

Le 2 mai, la veille même du jour où devait avoir lieu la discussion de l'interpellation, on lisait dans la *Défense religieuse*, journal de M. Dupanloup, évêque d'Orléans :

« M. Jules Simon a été mis en demeure de donner
» solennellement au clergé, toutes les garanties dési-
» rables de protection et de sécurité, de proclamer

» hautement sa détermination de mettre fin aux vio-
» lences radicales, (c'est-à-dire aux légitimes réclama-
» tions des républicains) et de réprimer énergiquement
» cette guerre de presse qui demain se transformerait
» en guerre civile.

» *Si au dernier moment, M. Jules Simon recule, s'il*
» *altère, en quoi que ce soit, la pensée du gouvernement*
» *qu'il représente, nous savons bien les moyens de*
» *l'obliger à en venir enfin à la politique de protection re-*
» *ligieuse et sociale à laquelle il a fait défaut jusqu'ici.*
» Le gouvernement y viendra, peut-être malgré
» M. Jules Simon, mais il y viendra. »

Le 4 mai, M. Jules Simon acceptait l'ordre du jour
suivant voté par 346 voix contre 114 : « *La Chambre,*
» *considérant que les manifestations ultramontaines,*
» *dont la recrudescence pourrait compromettre la sécu-*
» *rité intérieure et extérieure du pays, constituent une*
» *violation flagrante des lois de l'État,*

» *Invite le gouvernement, pour réprimer cette agita-*
» *tion antipatriotique, à user des moyens légaux dont*
» *il dispose, et passe à l'ordre du jour.* »

Le lendemain du vote de cette déclaration, l'*Univers*,
le *Monde*, le *Français*, la *Gazette de France*, la *Défense
religieuse*, c'est-à-dire toute la presse cléricale, se
livraient contre le ministère, aux plus violentes attaques.
Douze jours plus tard, le 16 mai, le cabinet Jules
Simon était renvoyé par M. de Mac-Mahon.

Ce qui avait été prévu et annoncé par les journaux
cléricaux : le *Monde* et la *Défense religieuse*, se réalisait
de point en point. M. Jules Simon tombait du pouvoir,
pour avoir refusé d'obéir aux ordres du parti clérical.
Les deux années de tranquillité espérées par les répu-

blicains et raillées par le *Monde,* étaient brusquement interrompues par un acte sans exemple dans les annales parlementaires. La dissolution de la Chambre des députés déjà résolue, allait être faite, et le pays replongé dans la fièvre des compétitions ardentes et des luttes de partis.

Ah! la nation entière a bien compris le sens de ces événements!

L'Anarchie.

Et maintenant que veulent les coalisés du 16 mai? — Où prétendent-ils conduire la France? — Unis quand il s'agit de détruire les institutions qui existent, ils ne peuvent s'entendre pour fonder un gouvernement. Les uns veulent l'Empire, les autres la Royauté, ceux-là enfin la Monarchie avec un prince d'Orléans. Examinons brièvement ce que valent et ce que sont ces trois régimes.

L'Empire.

Deux fois déjà, dans un demi-siècle, l'Empire a violé la France ; au 18 brumaire et au 2 décembre. C'est sa manière à lui d'arriver au pouvoir.

La première fois, il a guerroyé pendant 15 ans contre toute l'Europe, immolé à son égoïste ambition 2 millions d'hommes sur les champs de batailles, dépensé 10 milliards, amené deux fois l'étranger sous les murs de Paris et laissé la France appauvrie, vaincue, humiliée et démembrée. A l'intérieur, il a restauré à son profit l'antique et odieux despotisme des Césars, sous le nom mensonger de démocratie impériale.

La seconde fois, il a fait la guerre de Crimée, la guerre d'Italie, la guerre du Mexique, la guerre de Chine et livré la France à la Prusse dans la guerre de 1870. Ce que le pays a gagné au second Empire, c'est une dette de près de 20 milliards, ce qu'il y a perdu, c'est l'Alsace et la Lorraine, sa frontière de l'Est, sa puissance militaire, sa prépondérance en Europe. Et pendant les dix-huit ans du dernier Empire, le pays a été courbé sous une verge de fer, le suffrage universel intimidé et trompé, toutes les libertés méconnues, la fortune publique indignement gaspillée par des aventuriers qui s'étaient improvisés les gouvernants de la France.

Voilà ce qu'a fait l'Empire et voilà ce qu'il vaut. L'Empire c'est la proscription établie par les commissions mixtes ; c'est Waterloo après le 18 brumaire ; c'est Sedan après le 2 décembre.

L'Empire, c'est Bazaine !

La vie de ce gouvernement fatal se résume en trois mots :

Il a l'habitude de naître du crime, de vivre dans la guerre et de périr par l'invasion. A voir l'accord parfait qui existe aujourd'hui entre M. de Cassagnac et M. Veuillot, entre le *Pays* et l'*Univers*, on devine sans peine que si l'Empire a été autrefois le Césarisme laïque, il serait demain le Césarisme clérical.

La France consentirait-elle à subir encore un régime qui lui a fait tant de mal ?

A Dieu ne plaise ! Elle le repousse avec horreur. Ce n'est pas après tant de hontes et tant de désastres, que la patrie mutilée donnerait ses suffrages à Sa Majesté Invasion IV !

La Royauté.

La royauté de droit divin, représentée par M. le comte de Chambord, ne paraît guère convenir non plus aux Français de l'an de grâce 1877.

Henry V, roy de France, ce serait le vieux monde renaissant de ses cendres ; ce serait la noblesse et le clergé redevenus des pouvoirs dans l'État ; ce serait le drapeau blanc substitué au drapeau tricolore ; ce serait la joie des jésuites ; ce serait le cléricalisme triomphant et insolent ; ce serait « les chassepots partant tout seuls ».

Je n'insiste pas ; les choses mortes ont droit à certains égards, et la royauté légitime est aujourd'hui en France, une chose morte.

L'Orléanisme.

L'Orléanisme existe-t-il encore depuis que M. le comte de Paris est allé abdiquer à Frohsdorf entre les mains du comte de Chambord, en le reconnaissant comme le seul chef de la maison de France ? — Les uns disent oui, les autres disent non. Mystère impénétrable ! Quoi qu'il en soit, si l'Orléanisme officiel a cessé d'exister, l'Orléanisme latent subsiste toujours. On l'aperçoit dans les salons ou dans les antichambres, discret, prudent, réservé. Plus vaniteux que fier, plus infatué de soi qu'instruit des véritables et nécessaires conditions du gouvernement des sociétés modernes, il est sans racines dans le pays. Inconnu du suffrage universel, il est trop connu des hommes sincèrement libéraux qui menaient, avec lui, campagne contre l'Empire. Ces hommes-là ne peuvent lui pardonner d'avoir brûlé tout ce qu'il adorait avant 1870, et d'adorer aujourd'hui tout ce qu'il méprisait autrefois : les préfets à poigne, les candidatures officielles et le reste. Quand un parti s'est renié à ce point, il n'inspire plus confiance à personne. D'ailleurs les échecs formidables et répétés subis par les orléanistes devant le corps électoral, doivent prouver aux gens du centre droit qu'ils sont irrémédiablement perdus dans l'opinion publique. Et l'on peut dire, sans exagération aucune, qu'à cette heure , l'Orléanisme ne compte plus aux yeux du suffrage universel, car l'Orléanisme, dans les souvenirs du pays, c'est le droit de vote coté à 200 francs.

Donc la nation ne veut ni de l'Orléanisme, ni de la Légitimité, ni de l'Empire.

Mais ce n'est même pas l'une de ces trois formes de gouvernement que les coalisés du 16 mai viennent offrir aux suffrages des électeurs. La République existe depuis sept ans, la République est le gouvernement légal du pays, le gouvernement établi par une assemblée nationale et solennellement ratifié et consacré par les élections de 1876. Et que nous engage-t-on à mettre à la place de la République ?

Rien ! *absolument* rien !

On nous propose de garder l'étiquette républicaine jusqu'en 1880, c'est-à-dire jusqu'à l'expiration des pouvoirs du maréchal de Mac-Mahon. Mais en même temps on nous invite à livrer la République pieds et poings liés à ses ennemis : aux bonapartistes, aux légitimistes, aux orléanistes et aux cléricaux. On dit au pays : Jusqu'en 1880 la République subsistera, mais elle sera gouvernée et administrée par des ministres, par des préfets, par des magistrats, par des fonctionnaires qui tous rivaliseront de mauvais vouloir contre la République, qui tous pendant trois ans, travailleront, chacun de leur côté, non pas à gérer les affaires publiques de la façon la plus profitable au pays, mais bien à préparer les voies pour la restauration de la monarchie qui aura leurs préférences.

Peut-on, sans frémir, se représenter la situation de notre malheureux pays replongé, pendant trois années, dans le provisoire, déchiré, troublé par les luttes constantes de trois partis ayant chacun des ambitions rivales, des desseins contraires et se disputant d'avance le pouvoir comme une proie, pour l'année 1880 ? — N'y a-t-il pas dans cette éventualité quelque chose qui révolte à la fois tous les sentiments d'honneur et de loyauté de la nation et tous ses instincts conservateurs. Et ne sentez-vous pas, vous tous électeurs qui tenez en vos mains une part de la souveraineté nationale, qu'en face de l'entreprise inouïe des hommes du 16 mai, la France entière doit se lever et condamner, par un suprême verdict, ces tentatives coupables qui sont, pour le pays, une injure et un péril.

Mais que dis-je ? — Le 16 mai n'a-t-il pas déjà été solennellement réprouvé par les 363 députés républicains formant l'immense majorité de la Chambre populaire et représentant l'immense majorité du pays?

Le 19 juin 1877 — date mémorable et qui prendra

son rang dans l'histoire — après trois jours de débats parlementaires dont la France gardera le vivant souvenir, l'ordre du jour suivant a été adopté à la Chambre par 363 voix contre 158 :

« *La Chambre des députés,*

» *Considérant que le ministère formé le 17 mai par* » *le président de la République et dont* **M.** *de Broglie* » *est le chef, a été appelé aux affaires contrairement* » *à la loi des majorités qui est le principe du gouver-* » *nement parlementaire ;*

» *Qu'il s'est dérobé, le jour même de sa formation,* » *à toutes explications devant les représentants du* » *pays ;*

» *Qu'il* A BOULEVERSÉ TOUTE L'ADMINISTRATION INTÉ- » RIEURE AFIN DE PESER SUR LES DÉCISIONS DU SUFFRAGE » UNIVERSEL PAR TOUS LES MOYENS DONT IL POURRA DIS- » POSER ;

» *Qu'à raison de son origine et de sa composition,* » *il ne représente que la coalition des partis hostiles à* » *la* **République** , COALITION CONDUITE PAR LES INSPI- » RATEURS DES MANIFESTATIONS CLÉRICALES DÉJA CON- » DAMNÉES PAR LA CHAMBRE ;

» *Que c'est ainsi que depuis le 17 mai, il a laissé* » *impunies les attaques dirigées contre la représen-* » *tation nationale* ET LES PROVOCATIONS DIRECTES A LA » VIOLATION DES LOIS ;

» Qu'à tous ces titres, IL EST UN DANGER POUR L'ORDRE » ET POUR LA PAIX, *en même temps qu'une* CAUSE DE » TROUBLE POUR LES AFFAIRES ET LES INTÉRÊTS,

» DÉCLARE QUE LE MINISTÈRE N'A PAS LA CONFIANCE DES » REPRÉSENTANTS DE LA NATION *et passe à l'ordre du* » *jour.* »

Tel est le jugement et telle est la condamnation. Qui les a prononcés ? — Le Pays lui-même par l'organe de ses représentants. Et aujourd'hui le noble duc de Broglie et le noble vicomte de Fourtou viennent demander à la nation de voter contre les 363!

Mais si la France votait contre les 363, elle se déjugerait elle-même ; elle se donnerait à elle-même le plus sanglant démenti ! La réélection des 363 députés qui ont voté l'ordre du jour du 19 juin et condamné la politique du 16 mai, n'est pas seulement une question de salut pour la République, c'est-à-dire pour la paix publique, c'est une question d'honneur pour la France.

Voter pour les 363, c'est voter pour 1789.

Voter pour les 363, c'est voter pour le connu contre l'inconnu.

Voter pour les 363, c'est voter pour le maintien du gouvernement légal qui est la République, contre la pire des révolutions.

Voter pour les 363, c'est voter pour la paix.

Voter pour les 363 c'est voter pour le gouvernement du pays par le pays, contre le gouvernement personnel.

Résistance aux intimidations et résistance à la peur.

Les hommes du 16 mai avouent le rétablissement des candidatures officielles. Ils le proclament, ils s'en font gloire. Et pourtant les deux ducs du ministère, M. le duc de Broglie et M. le duc Decazes, ont été, sous l'Empire, les victimes de la candidature officielle et les adversaires radicaux des « *candidats de l'empe-*

reur. » Et ce sont eux qui travaillent aujourd'hui, avec une activité dévorante, à présenter, dans toutes les circonscriptions électorales, des « *candidats du maréchal !* » — Mais passons ; il y a des faits sur lesquels il est inutile de s'appesantir.

Nos ministres et nos préfets *conservateurs* vont donc opposer partout des candidats officiels aux candidats républicains. Et, chose étrange, les candidats officiels patronnés par *les ministres et les préfets de la République* seront tous *hostiles à la République.* Et comme cette situation éminemment fausse, ne saurait être ni expliquée aux populations, ni comprise par elles, au lieu de chercher à convertir la France, ses maîtres provisoires entreprennent de « la faire marcher », comme disait M. Baragnon.

Et voilà pourquoi la candidature officielle refleurit dans toute sa splendeur, avec ses accessoires naturels.

On persécute les journaux républicains, on leur interdit la vente sur la voie publique, au mépris de la loi ; on laisse impunies les excitations factieuses à un coup d'État qui s'étalent chaque jour à la première page des feuilles bonapartistes et cléricales.

On fait du *Bulletin des Communes* une fabrique de fausses nouvelles, un instrument d'outrages et d'odieuses calomnies contre tous les anciens députés républicains. On traque les colporteurs, on inquiète les libraires, on ferme les cercles, on casse les conseils municipaux, on frappe d'interdit le commerce des cafetiers et débitants de boissons, on surveille à outrance les réunions les plus inoffensives, on révoque des maires, des préfets, des sous-préfets, des instituteurs, des inspecteurs d'académie, des juges de paix, des suppléants de juges de paix, des procureurs généraux, des procureurs de la République, on remanie d'une main fiévreuse l'Administration toute entière, — en un mot on *bouscule le pays* de fond en comble, comme se plaît à le répéter l'aimable M. Paul de Cassagnac.

Et l'on espère, par ces vexations et ces violences accumulées, intimider les électeurs. Heureusement nos hommes de combat se trompent dans leurs calculs. Ils mécontentent tout le monde, provoquent la réprobation des esprits les plus modérés, mais ne font peur à personne. La preuve en est dans la résistance légale qui s'est organisée sur tous les points du territoire contre les abus de pouvoir de nos fonctionnaires de passage. Les journalistes, les libraires, les colporteurs, les anciens députés, les cafetiers — les petites gens comme les grands personnages, n'hésitent plus à envoyer l'huissier au préfet ou à intenter des procès à un ministre, pour la défense de leurs intérêts lésés. Et la magistrature n'hésite pas non plus à donner gain de cause aux citoyens qui ont recours à sa justice, chaque fois qu'ils sont victimes d'une mesure arbitraire ou illégale.

Cette excellente habitude de faire des procès aux fonctionnaires qui troublent les populations au lieu de les administrer, est un des meilleurs signes du temps. Rien ne prouve mieux la légitime confiance des bons citoyens dans leur droit et leur résolution d'opposer une résistance pacifique, mais ferme, aux abus de pouvoir dont ils ont à se plaindre.

L'intimidation dans le présent n'est pas la seule tactique des coalisés du 16 mai. Ils voudraient encore inspirer aux électeurs la crainte du lendemain des élections. — On a commencé par dire au pays que s'il renommait les 363, le maréchal donnerait sa démission. Cette perspective n'ayant causé aucune terreur aux populations, on a soutenu la thèse contraire et l'on a dit : Quand même les 363 seraient renommés le maréchal restera jusqu'au bout. *Jusqu'au bout* est devenu le mot d'ordre de la coalition bonapartiste, royaliste et cléricale. Mais la menace du « jusqu'au bout » n'a pas causé plus d'effroi que la menace de la démission.

La nation paisible et calme a répondu : Soit. Le maréchal restera jusqu'au bout s'il le veut, c'est-à-dire jusqu'en 1880. Il en a le droit. Ce qui m'importe, ce n'est pas la présence ou l'absence du maréchal, c'est le maintien et le respect de mes droits, c'est la chute du ministère des ducs, c'est l'abandon de la politique personnelle du 16 mai et le retour au gouvernement parlementaire. Alors le *Pays,* le *Bulletin des Communes,* la *Défense religieuse* et autres feuilles de même sorte, ont déclaré que si les 363 étaient renommés, c'est-à-dire si le pays renvoyait encore une Chambre républicaine à Versailles, le maréchal n'en continuerait pas moins à gouverner avec les ministres du 16 mai, à suivre la politique du 16 mai, et à prolonger ainsi le conflit des pouvoirs publics jusqu'au bout. M. de Cassagnac a même dit gracieusement que si la nouvelle Chambre était encore républicaine, « on la flanquerait encore à la porte », et ainsi de suite jusqu'à la fin.

Certes, jamais nation n'a été provoquée avec cette

brutale audace. Jamais on n'a osé dire à un peuple : Nous allons te consulter, mais si tu ne réponds pas comme nous le voulons, nous ne tiendrons aucun compte de ta volonté clairement exprimée. L'Empire n'avait pas ce cynisme ; il conservait au moins l'hypocrisie de l'appel au peuple. Eh bien, ces fanfaronnades de bonapartistes en détresse, ne réussiront pas encore à faire peur au pays. Il a tellement conscience de son droit et de sa force, il est tellement résolu à opposer le dédain aux outrages, qu'il attend le jour du scrutin avec une sérénité parfaite.

Non, il n'est pas vrai qu'on puisse ainsi « flanquer à la porte » indéfiniment les représentants de la nation. Non, il n'est pas vrai que le maréchal, aujourd'hui trompé par ses conseillers, acceptera demain la redoutable responsabilité d'une lutte sans merci avec la France, quand il aura été éclairé par le suprême verdict de huit millions d'électeurs. Il y a une limite à l'aveuglement, et il y a des parties trop dangereuses pour qu'on les joue de gaîté de cœur. Le maréchal a une politique qu'il croit bonne, et les 363 en ont une autre. Le pays est appelé à se prononcer entre ces deux politiques. Et quand le pays aura parlé, quand il aura approuvé la politique des 363, tout le monde devra s'incliner devant sa décision souveraine, le conflit sera résolu et le maréchal n'aura que deux partis à prendre : ou bien il se retirera pour ne pas s'associer à une politique qu'il désapprouverait, ou bien il s'inclinera devant la volonté nationale et gouvernera avec des ministres ayant la confiance de la Chambre et celle du pays. Le premier de ces deux partis est le plus chevaleresque, le second est plus constitutionnel, mais tous deux sont également honorables. Quant à la troisième solution recommandée par les hommes du 2 décembre, c'est la solution du coup d'État. Le maréchal ne l'acceptera pas. Et d'ailleurs, pour qu'un coup d'État se fasse, il faut que la nation en soit moralement complice; cette fois elle n'en serait pas complice, elle en serait juge.

Les électeurs ont la pleine conscience de ces fortes et simples vérités. Voilà pourquoi ils n'ont pas peur. Déjà ils aperçoivent les ravages produits dans les rangs de la coalition monarchique par la discorde, née des convoitises et des ambitions contraires. Les légitimistes injuriant les bonapartistes, les cléricaux dénonçant les orléanistes, les bonapartistes se déchirant entre eux. Voilà le spectacle que nous offre l'*Union conservatrice*. Que ce soit pour les républicains l'heureux présage d'une éclatante victoire. Qu'ils marchent donc au scrutin en phalanges serrées, avec discipline et avec confiance. Le succès couronnera leurs patriotiques efforts. Car les ennemis de la République nationale, désespérant de vaincre, s'occupent déjà de couvrir leur retraite et s'apprêtent à se rejeter entre eux la responsabilité de leur commune déroute.

Nancy. — Imp. E. RÉAU, rue Saint-Dizier, 51.

www.ingramcontent.com/pod-product-compliance
Lightning Source LLC
LaVergne TN
LVHW051136060726

842526LV00006B/2082